AF377831

QUELQUES PROMENADES

DANS

BOULOGNE-SUR-MER

ET DANS SES ENVIRONS.

Souvenirs historiques.

« Quelle grandeur ont à nos yeux les objets antiques qui ont vu les choses passées auxquelles nous ne pouvons atteindre que par la pensée ! »

Tombeaux de St-Denis. — CLÉMENCE ROBERT.

Par le mot *voyager*, beaucoup de personnes comprennent s'éloigner le plus possible de leur résidence habituelle.

Un plus grand nombre encore, depuis surtout l'auxiliaire du *rail way* qui fait, suivant l'heureuse expression de M. Desnoyers, « qu'on arrive mais qu'on ne voyage plus », considèrent l'action de franchir la frontière soit au Nord, soit au Sud, comme la condition première et essentielle d'un voyage.

Un habitant du Midi connaîtra la Suisse, l'Italie, et n'aura pas visité les principales villes de la France. Un autre possédera plusieurs langues vivantes et ignorera le français. On pourrait multiplier les exemples et établir en régle générale que l'homme désire surtout connaître ou posséder ce qu'il ne peut apprendre ou obtenir que très-difficilement.

Commençons donc par définir le mot *voyage*. Mais à quoi bon après tout ? le spirituel auteur que nous citions plus haut ne s'en est-il pas chargé ? l'explication fournie par le Dictionnaire ne le satisfaisait pas. Chose peu étonnante, du reste, car ouvrons un in-folio, au mot VOYAGE que trouvons-nous? VOYAGE, du latin barbare *viagium*, formé dans la basse latinité de *via*, etc., etc. Admettons donc qu'il est inutile d'aller très loin pour voyager avec fruit ; l'essentiel est de pouvoir répondre à ceux qui vous interrogent : *Veni, vidi*, Voici :

L'histoire du curé de Maubosc, racontée avec une si attachante bonhomie par *un normand*, M. Philippe de Chennevières, à son retour de ce petit village de Normandie, prouve jusqu'à l'évidence que partout il y a sujet pour quiconque sait voyager ; il n'est aucun pays qui ne soit *plein de terres désertes ;* le tout, répétons-le bien, est de savoir *y faire des découvertes.*

Nous ne voulons pas dire que nous avons su voyager ; nous avons essayé, voilà tout. Nous confions au papier quelques impressions de voyage dans une ville située *seulement* à 263 kilomètres de Paris ; chacun en prendra ce qu'il voudra : cette ville, il est vrai, s'appelle Boulogne-sur-Mer.

L'église de Notre-Dame, fondée en 606 par Clotaire II, sur les ruines d'un ancien temple payen, aurait suffi toute seule pour illustrer à jamais la ville qui la possédait. Sa réputation était si grande en 1033 déjà, qu'on y venait en pélerinage des extrémités de l'Orient. Les tribunaux condamnaient au pélerinage de Boulogne comme ils vous envoyaient à Rome ou à St-Jacques de Compostelle. L'arrêt du Parlement de Paris, intervenu en 1296 entre le sieur d'Harcourt et le chambellan de Tancarville, le constate. Guillaume de Nogaret, pour avoir soutenu Philippe-le-Bel dans son démêlé avec Boniface VIII, se vit également contraint par le successeur de ce dernier à entreprendre le pélerinage de Boulogne. Au mariage d'Edouard II d'Angleterre, avec Isabelle de France, on vit réunis dans l'église de Notre-Dame, quatre rois, trois reines, quatorze fils de rois ou princes du sang, grand nombre de prélats, seigneurs et officiers. Louis XI, lui, avait fait don à la vierge de Notre-Dame du comté de Boulogne, et, en se déclarant son vassal, institué en son honneur l'hommage d'un cœur d'or du poids de treize marcs. Enfin, le 8 juillet, jour de la fête des reliques, on apportait aux pieds de la vierge les dons et offrandes composant son trésor dont *tous les souverains de la chrétienneté étaient tributaires.*

Une église si pleine de souvenirs monarchiques devait

avoir maille à partir avec la révolution. Aussi fut-elle vendue et détruite en 1793.

Grâces aux soins et au zèle de M. l'abbé Haffreingue, et aussi aux souscriptions nombreuses des fidèles, on voit une nouvelle église, rappelant Sainte-Geneviève de Paris par son architecture, s'élever en ce moment sur les ruines de l'ancienne. C'est en jetant les fondements de cette basilique, qu'a été découverte en 1840 cette crypte qui excite aujourd'hui à si juste titre la curiosité des étrangers ; elle remonte, croit-on, au 8e ou au 9° siècle, et avait été comblée à l'époque du pillage de l'église par les Anglais. Les restes de plusieurs évêques de Boulogne y sont renfermés.

La ville de Boulogne reçut aussi dans ses murs, à quelques siècles de distance, les deux armées les plus puissantes du monde : l'Armée romaine..., la Grande-Armée. L'on rencontre à chaque pas encore les traces du séjour de l'une et de l'autre.

Les ruines de *la Tour-d'Ordre* (1) sont là pour éterniser le souvenir de la folie de cet empereur qui donna à son cheval le titre de consul, et voulait anéantir les ouvrages d'Homère, de Virgile et de Tite-Live. Caïus Caligula érigea cette pyramide en commémoration de sa prétendue victoire sur l'Océan, dont des coquillages portés à Rome par ses soins, en offrande à Jupiter, représentaient les *dépouilles opimes*.

Puis, un peu plus loin, sur la droite, apparaît dans les airs la colonne offerte à l'empereur par la Grande-Armée pour rappeler à la postérité l'institution de l'ordre de la Légion-d'Honneur. La première pierre en fut posée le 18 brumaire an XII (9 novembre 1804) par le maréchal Soult.

Les environs de Boulogne offrent des ressources aux personnes qui professent la religion des souvenirs. Elles peuvent, en effet, aller visiter facilement auprès de la petite ville de Guines, à six lieues de Boulogne — *le Champ du Drap-d'Or* — où commença, le 7 juin 1520, entre François Ier et Henri VIII, cette entrevue célèbre qui dura vingt-huit jours, dans laquelle François chercha à gagner Henri et à déjouer les intrigues de Charles-

---

(1) L'étymologie de ce nom semble provenir des deux mots latins *Turris ardens*, cette tour ayant sans doute servi de phare.

4

Quint, ce à quoi s'opposa le cardinal de Wolsey. La suite des monarques ne s'élevait pas à moins de 5,696 personnes et 4,325 chevaux. Le luxe déployé dans cette circonstance fut si grand que plusieurs seigneurs « y despensèrent tout leur avoyr. » Un saint Michel en or massif surmontait la tente du roi de France ; le monarque anglais, lui, avait deux piliers d'or à l'entrée de la sienne. L'un supportait un Bacchus, l'autre un Cupidon versant continuellement du vin de Malvoisie et du vin clairet « qui cheoit en belles et grandes tasses d'argent pour boire à qui voulait. » Un célèbre peintre du temps, Holbein, fut chargé de représenter cette scène mémorable. Cet artiste, comme on sait, peignait aussi habilement de la main gauche que de la main droite ; il est l'auteur présumé de la fameuse danse macabre ou des morts, qu'on voyait peinte en fresque sur les murs du cimetière de Bâle, son pays natal, et il mourut à Londres de la peste en 1554.

Louis XIV prenait souvent la peine de défendre contre les railleries de ses courtisans le valeureux Jean Bart ; les plaisants n'allaient-ils pas jusqu'à dire, lors de l'admission à la cour, en 1690, du fils du pêcheur de Dunkerque : « Allons voir le chevalier de Forbin qui mène l'ours. » Henri VIII remplit le même rôle de protecteur envers son favori Holbein. Qu'on nous permette de citer, en cette circonstance, une réponse très piquante du monarque anglais. Les biographes d'Holbein l'ont oubliée ; est-ce parce que l'Almanach du Palais-Royal (1) l'a recueillie ? Holbein, certain jour, avait repoussé rudement un comte qui voulait entrer dans le cabinet du roi contre son ordre. Le comte s'en plaignit amèrement dès le lendemain à Henri VIII, qui lui répondit : « De sept paysans je pourrais bien faire sept comtes ; mais de sept comtes je ne ferais pas un Holbein. »

Le tableau d'Holbein est conservé dans les appartements du château de Windsor. On voit encore au musée de Boulogne, dans la galerie Aloy, une superbe épreuve de la gravure de ce tableau, dont il ne fut tiré que quelques exemplaires par les soins de la Société des Antiquaires de Londres (2).

---

1) Année 1786.

2) On lit au bas de cette gravure, que nous avons examinée attentivement, l'inscription suivante :

En suivant les falaises de droite, il est aisé de pousser, avant le déjeûner, jusqu'à l'obélisque élevé à **Wimereux**, en souvenir des malheureux aéronautes Pilâtre de Rozier et Romain, qui trouvèrent la mort en cet endroit le 15 juin 1785, victimes du fatal désir de traverser le détroit à l'aide d'une machine aérostatique. En continuant de mar-

---

« The interview of Henri VIII king of England and the french
» king Francisc I Betwen Guines and Ardres in the month of
» june 1520.
» Drawn from the original by E. Edwards engraved by James
» Basirc, from the original picture feet one inch in lenght, and
» six feet five inche in height, preserved in the private apart-
» ments, in Windsor Castle. »

Nous avons trouvé dans les Essais sur Boulogne (Henry 1810), une description si exacte du tableau original, que nous ne pouvons résister au désir de la transcrire ici malgré sa longueur; ce tableau, en effet, à part la valeur intrinsèque que lui donne le talent de son auteur, a le mérite, en outre, d'offrir la représentation fidèle des costumes et des usages du temps.

Guines et ses fortifications y sont représentées à vol d'oiseau et occupent la droite du tableau. C'est de ce lieu que part le roi d'Angleterre pour se rendre dans la plaine de campagne. On aperçoit dans le lointain les marais du plat pays, entre Calais et Guines. Les portes, les fenêtres et les toits de cette dernière place sont couverts d'une multitude de spectateurs.

A la gauche de la porte du château de Guines, on voit un palais très vaste que l'on prendrait pour une construction en pierre de taille avec un soubassement en briques rouges. Ce bâtiment était de bois peint de cette manière : il avait été façonné en Angleterre et apporté à Guines, où l'on avait assemblé toutes les pièces. A gauche et vers le haut du tableau, on découvre la ville d'Ardres, d'où part François Ier avec sa suite nombreuse. Le reste de cette partie offre un paysage très agréable, dans lequel on distingue les montagnes, les bois, les hameaux, les fermes et autres objets qui décorent la campagne entre Guines et Ardres. Les troupes qui couvrent ce vaste terrain rendent la scène très animée.

Entre Guines et Ardres, on remarque un tertre environné de drapeaux et d'étendards flottant dans les airs. Des cavaliers des deux nations forment une enceinte autour de ces drapeaux. Au centre de cet emplacement sont rangés des pavillons et des tentes, du milieu desquels il s'en élève une couverte de draps d'or émaillée de fleurs de lys. La tente est surmontée d'une figure en or terrassant un dragon.

cher quelque temps encore, on arrive à la baie d'Ambleteuse, qui existait déjà au VI⁰ siècle, où Pierre, le premier
abbé du monastère de *Canterbury*, se noya en 606, et où
débarquait aussi le 5 janvier 1689, Jacques II, après son
évasion d'Angleterre. — Ce petit pays a fourni à un Boulonnais, M. Jeanron, l'ancien directeur des Musées, le sujet de deux charmants tableaux admirés aux Expositions
de 1851 et 1852 (1).

En côtoyant au contraire les falaises de gauche (2), après
être passé devant un établissement de bains (concurrence)
qui vous invite à lui donner la préférence par cette sin-
gulière enseigne : *Etablissement des bains de mer, et repos
de l'honnête société ;* on entre dans le petit village de Por-

------

La toile de cette tente, relevée à dessein , laisse apercevoir
les deux rois s'entredonnant l'accolade.

Près de là, est l'enclos des joûtes et tournois qui furent célé-
brés à cette occasion. Le champ-clos est borné par une galerie à
l'usage des deux cours. Le reste, environné de palissanes,
présente une entrée gardée, d'un côté, par des soldats français en habits bleus et violets, sur lesquels est une salamandre
brodée ; des soldats anglais, armés de pertuisanes, gardent
l'autre côté. Sur une éminence, à gauche, est placé l'arbre
d'honneur, dont le tronc est enveloppé d'une pièce de velours
cramoisi brodé en or. Aux branches de cet arbre sont sus-
pendus les boucliers des combattants et les statuts des tournois.
La balustrade où sont les deux rois est couverte de draps d'or,
et celle des reines de riches tapisseries.

Au milieu de l'enceinte, deux cavaliers, bien montés et
armés de pied en cap, joûtent l'un contre l'autre.

Le hérault d'armes ramasse les pièces d'une lance brisée,
qui lui appartiennent suivant les statuts de la chevalerie.

Près de cet endroit est un groupe de tentes pour les combattants.

(1) Exposition 1852. — N⁰ 693. Les pêcheurs à la traille,
matin ; vue prise d'Ambleteuse du côté de Wimereux.

Exposition 1851. — Une vue d'Ambleteuse, achetée par le
Ministre de l'intérieur.

(2) On ne se sert aujourd'hui dans Boulogne, pour désigner
le côté droit ou le côté gauche du port, que des expressions :
Camp-de-Droite, Camp-de-Gauche ; parce que les deux camps
les plus importants de l'armée expéditionnaire rassemblée à
Boulogne par Napoléon, furent formés sur les hauteurs de
chaque côté du port. — Cette armée se composait de 172,231
hommes d'infanterie, 9,502 de cavalerie, 2,413 bâtiments
montés par 16,783 hommes.

tel ; frais, coquet, bien bâti, ce port est habité par dix-huit
cents pêcheurs jouissant d'une aisance devenue proverbiale
dans Boulogne, sans doute parce qu'elle n'est pas la ré-
compense ordinaire des fatigues et des dangers qu'affron-
tent les pauvres marins. Certaine anecdote se rapporte à
ce pays, et je demanderai au lecteur la permission de la
lui raconter. C'était en 1804, l'empereur venait d'arriver
à Boulogne ; étant allé examiner des travaux qu'il faisait
exécuter au fort du Mont-de-Coupe, à quelques cents pas
de Portel, une femme de ce village, Marianne Renard,
s'approche, se jette à ses pieds, et lui dit : « Justice, M.
Bonaparte, justice ! » On lui fait observer qu'elle parle à
l'empereur ; elle répond alors : « Justice, M. l'empereur,
justice ! Les Anglais ont écrasé ma maison avec leurs
bombes ; c'est vous qui en êtes cause, c'est à vous à me la
payer. »

— Combien coûtait votre maison ? répond l'empereur.

— 1,500 francs, réplique la matelotte.

— Vous les aurez.

— Mais qui me les donnera ? ajoute la femme Renard.

— Ce Monsieur, dit l'empereur, en désignant le général
Guyot ; venez ce soir, l'argent vous sera compté.

Elle reçut en effet, le soir même, les 1,500 fr. promis,
par l'intermédiaire de M. Sansot (1), boulonnais, alors
officier de la garde impériale.

Les jours de pluie, vous avez à choisir pour occuper
votre temps, entre le Musée, un des plus vastes et des
plus complets parmi ceux de province, et la bibliothèque
de la ville ; riche de 30,000 imprimés, de 3,000 manuscrits,
dont plusieurs sur parchemin remontant aux VIIe, X^e, XIe
siècles ; elle renferme en outre une riche collection d'in-
cunables ; sa formation ne remonte pourtant qu'à l'année

---

(1) Nous avons remarqué au Musée, dans une verrière
toute remplie de cadeaux et de reliques de l'Empereur, offerts
par le général Bertrand, un riche coffret de bois précieux, por-
tant cette inscription en lettres d'or : « La bague que con-
» tient ce coffret a été donnée par l'Empereur à M. Sansot,
» ancien officier de cavalerie de sa garde, colonel de la garde
» nationale, commandeur de l'ordre de la Légion-d'Honneur.
» — Il en fait hommage au Musée de la ville de Boulogne-
sur-Mer. — 1er octobre 1851. »
— M. le colonel Sansot vient de mourir (janvier 1853).

1798. Un accueil bienveillant, qu'on ne saurait trop louer, y attend l'étranger.

C'est dans la *basse-ville*, au quartier de la Tour-d'Ordre, que s'est réfugié ce qu'on peut appeler le véritable type Boulonnais ; je veux dire la population des pêcheurs.

Le langage, le costume, les habitations, l'odeur de marée, les noirs filets tendus d'une fenêtre à l'autre, tout contraste avec les autres quartiers de la ville basse, tout-à-fait empreints du cachet britannique. Presque partout les enseignes sont empruntées à l'idiome de nos voisins d'outre-mer. — Vous retrouvez invariablement sur chaque maison : *House to let,* — *Family boarding house,* — *Appartment furnished to let.* — Presque toujours aussi le commerçant a pris soin d'avertir l'acheteur étranger par ces mots inscrits sur ses vitres : *English spoken here* ; les toilettes que vous remarquez, les lambeaux de conversation que vous saisissez au vol, en flânant sur le port, les jetées, les trottoirs, vous révèlent partout la présence en majorité des Anglais ; on est presque étonné d'entendre parler le français.

Mais revenons à notre quartier des pêcheurs. Les rues qui conduisent du port au quartier de la Tour-d'Ordre, sont des escaliers fort étroits qui rappellent assez bien les *pousternes* de la ville d'Auch, cette ville où on ne marche pas, mais où on dégringole, disait *le Charivari*. A chaque marche habite une famille ; tel pêcheur demeure à la troisième ou à la dixième marche, comme dans une autre ville on est logé à tel numéro d'une rue. Ces familles sont fort nombreuses, on compte jusqu'à sept ou huit enfants dans chaque ménage. Les matelottes, suivant l'expression du pays, portent le jupon court ; elles ne marchent pas, *elles traînent la savatte,* si l'on veut bien accepter une expression triviale, mais qui rend parfaitement la chose. A l'instar de nos grand'mères, en effet, elles ont à leurs pieds des mules à semelles et à hauts talons en bois, qui représentent assez bien, à part la différence d'élégance, les babouches dont se servent les orientales au sortir du bain.

Elles aiment les gros bijoux ; leurs boucles d'oreilles et leurs bagues en or atteignent des proportions prodigieuses. Toutefois, on est péniblement surpris, et il faut pourtant le constater en passant, de voir ces femmes actives, laborieuses, et d'une moralité exemplaire, ne pas craindre de demander sur la voie publique, *un petit sou,* à l'étranger

qu'elles rencontrent à leur retour de la pêche aux *saute-*
relles ou aux *moules*.

Quant aux matelots, on ne les voit guère ailleurs que sur
le port ou sur leurs bateaux ; les quelques-uns qu'on rencontre dans le quartier de la Tour-d'Ordre, sont âgés, in-
firmes, et occupés à remmailler leurs vastes filets de pêche
aux sombres teintes, ou à suspendre aux fenêtres les *feuilles*
de morue qui doivent s'y dessécher ; déclarons-le , la loi
salique n'a pas cours dans le pays de l'ancienne Morinie ;
l'homme est entièrement effacé par la femme, qui s'est ré-
servée l'autorité absolue. — Combien de ménages, sous
ce rapport, ressemblent à ceux des matelots Boulonnais.

Parlons un peu de la ville haute ; entourée de murailles
anciennes entretenues avec soin, elle est flanquée de trois
portes, des Dunes, de Gayolle et de Calais. On oublie, en
parcourant ses rues, qu'on est si voisin de la mer ; on se
croirait dans n'importe quelle ville de province. Fonction-
naires, rentiers, commerçants, garnison, tout est là ; c'est
la ville française et administrative ; on chercherait en vain
un type particulier, ce quelque chose enfin qui disparaît
tous les jours, qui s'efface de plus en plus, qui enlève la
joie du cœur du véritable voyageur, en attendant qu'il
n'ait plus lui-même de raison d'être.

Un grand souvenir littéraire se rattache aussi à la ville
de Boulogne. Un homme de génie vint, en effet, passer dix
années de sa vie, et y rendre le dernier soupir, au soleil cou-
chant, le 17 novembre 1747, dans la modeste *demeure* de
son fils alors chanoine de Notre-Dame. Cet homme de génie avait publié un ouvrage en 1707. En huit jours , deux
éditions étaient épuisées ; deux gentilshommes se battaient
au premier sang à qui emporterait le seul exemplaire res-
tant chez le libraire de cet ouvrage en vogue.

Rebuté par les dédains de MM. les comédiens du Roi,
las de prodiguer ses trésors au théâtre de la foire, ce pro-
fond observateur conçut le projet de jeter dans un vaste
roman toutes les comédies qu'il avait conçues. Mais quel
roman ! Laissons Nodier le définir : « C'est, dit-il, le
monde écrit ; l'histoire morale de l'homme mise à nu. »

Chacun a reconnu l'auteur du Diable Boîteux, de Tur-
caret, de l'immortel Gil-Blas, quoi qu'en ait pu dire (mal-
heureusement pour lui seul) le père Isla.

Cette *demeure*, qui deviendra victime un jour de quelque mesure d'alignement, est située dans la ville haute,
rue du Château, elle porte le n° 3. La Société d'agriculture

de Boulogne, conduite solennellement par son président, M. Herman, fit sceller le 17 juillet 1820, dans la muraille, une boîte en plomb contenant : 1° Un exemplaire de la Notice sur Lesage; 2° diverses pièces de monnaie; 3° l'extrait des procès-verbaux de la Société relatifs à la célébration bien tardive de cette touchante et pieuse cérémonie; après quoi on apposa la plaque de marbre sur laquelle est gravée cette inscription belle de simplicité :

ICI MOURUT L'AUTEUR DE
GIL-BLAS EN 1747.

Ce bon exemple porta ses fruits. L'Académie mit au concours l'éloge de Lesage, et le prix fut partagé en 1822 entre MM. Malitourne et Patin.

Une chose étonne seulement de la part d'une ville aussi intelligente et aussi généreuse que Boulogne ; c'est qu'elle n'ait pas conservé plus de respect pour les cendres de l'illustre auteur qui lui avait demandé la dern ère hospitalité.

On visite en vain l'ancien et le nouveau cimetière, nulle trace du grand Lesage; pas une pierre... pas un mot... pas un indice. Oh ! l'on comprend bien l'indignation du noble lord. Il avait franchi le détroit tout exprès pour visiter la tombe de l'auteur de Gil Blas ; personne ne put lui indiquer la place où avaient été déposés ces précieux restes. Il se rembarqua immédiatement le cœur navré d'un pareil acte de négligence. Le comte de Tressan, lieutenant-général des armées du Roi, commandant en Boulonnais, Ponthieu et Picardie, a fourni de précieux détails sur Lesage ; il le visitait souvent dans sa dernière maladie ; il a écrit deux lignes qui devaient indiquer aux Boulonnais ce qu'ils avaient à faire : « Je me fais un *honneur* et un *devoir* d'assister à ses obsèques avec les principaux officiers sous » mes ordres. »

La ville de Boulogne, qui a vu mourir Lesage, a donné le jour le 8 octobre 1661 au P. Lequien, le savant, le pieux dominicain, digne émule des Sainte-Marthe, et qui, dans un volumineux ouvrage, l'*Oriens christianus*, essaya de donner un pendant au *Gallia christiana* ; il mourut à Paris dans un âge avancé.

Le fameux Godefroy de Bouillon, que les biographes font sortir de Bézy près de Nivelle en Flandre, naquit également à Boulogne, dans l'ancien palais des comtes construit en 1050 par Eustache Ier son père ; sur l'emplacement de ce palais a été érigée, en 1734, la Mairie, qu'on voit aujourd'hui sur la place d'Armes dans la haute ville, et derrière laquelle plane le sombre beffroy remontant au onzième siècle ; il est élevé de 47 mètres et l'on embrasse de son sommet le panorama de la ville de Boulogne avec la mer pour horison. Un homme y fait constamment le guet pour veiller au feu, comme cela se pratique dans le clocher neuf de Notre-Dame de Chartres.

En remontant la route de Saint-Omer jusqu'à trois lieues de Boulogne, on retrouve un autre souvenir de la famille de Bouillon. Voici en effet le joli village de Wast. Son église prieurale de St-Michel se présente presque telle que l'avait fait construire la comtesse de Boulogne Ida ; sa voûte de style byzantin est intégralement conservée. La mère du premier roi de Jérusalem, immortalisé par le Tasse, fut, suivant son désir, inhumée le 20 avril 1113 dans cette église qu'elle avait fondée, et on voit encore au Wast la pierre sculptée qui ornait son tombeau.

Je m'aperçois qu'en m'occupant de Boulogne j'ai omis de parler de ses bains de mer, de sa plage si belle, si favorable aux baigneurs, mais j'ai omis tant d'autres choses que je préfère renvoyer la continuation de cet article à une autre année et à un autre voyage.

Boulogne-sur-Mer, septembre 1852.

ÉMILE **BELLIER DE LA CHAVIGNERIE.**

Chartres. GARNIER, Imprimeur.

113